Alain Weinich/Christian Lamblin

Chinesisch schreiben

Feinmotorik – Konzentration – Fantasie

Mit Kopiervorlagen

Illustrationen: Annie Beau

7. Auflage 2022
© der deutschen Ausgabe by Auer Verlag, Augsburg
AAP Lehrerwelt GmbH
© 2002 by Editions RETZ/VUEF, Paris, France
Titel der französischen Originalausgabe: Jouer à écrire en chinois
erschienen bei Editions Retz, Paris
Alle Rechte vorbehalten.

Das Werk als Ganzes sowie in seinen Teilen unterliegt dem deutschen Urheberrecht. Der*die Erwerber*in der Einzellizenz ist berechtigt, das Werk als Ganzes oder in seinen Teilen für den eigenen Gebrauch und den Einsatz im eigenen Präsenz- oder Distanzunterricht zu nutzen.

Produkte, die aufgrund ihres Bestimmungszweckes zur Vervielfältigung und Weitergabe zu Unterrichtszwecken gedacht sind (insbesondere Kopiervorlagen und Arbeitsblätter), dürfen zu Unterrichtszwecken vervielfältigt und weitergegeben werden. Die Nutzung ist nur für den genannten Zweck gestattet, nicht jedoch für einen schulweiten Einsatz und Gebrauch, für die Weiterleitung an Dritte einschließlich weiterer Lehrkräfte, für die Veröffentlichung im Internet oder in (Schul-)Intranets oder einen weiteren kommerziellen Gebrauch. Mit dem Kauf einer Schullizenz ist die Schule berechtigt, die Inhalte durch alle Lehrkräfte des Kollegiums der erwerbenden Schule sowie durch die Schüler*innen der Schule und deren Eltern zu nutzen. Nicht erlaubt ist die Weiterleitung der Inhalte an Lehrkräfte, Schüler*innen, Eltern, andere Personen, soziale Netzwerke, Downloaddienste oder Ähnliches außerhalb der eigenen Schule. Eine über den genannten Zweck hinausgehende Nutzung bedarf in jedem Fall der vorherigen schriftlichen Zustimmung des Verlags.

Sind Internetadressen in diesem Werk angegeben, wurden diese vom Verlag sorgfältig geprüft. Da wir auf die externen Seiten weder inhaltliche noch gestalterische Einflussmöglichkeiten haben, können wir nicht garantieren, dass die Inhalte zu einem späteren Zeitpunkt noch dieselben sind wie zum Zeitpunkt der Drucklegung. Der Auer Verlag übernimmt deshalb keine Gewähr für die Aktualität und den Inhalt dieser Internetseiten oder solcher, die mit ihnen verlinkt sind, und schließt jegliche Haftung aus.

Autor*innen: Alain Weinich/Christian Lamblin
Illustrationen: Annie Beau
Satz: Fotosatz H. Buck, Kumhausen
Druck und Bindung: Korrekt Nyomdaipari Kft., Budapest
ISBN 978-3-403-**04256**-3

www.auer-verlag.de

Hinweis für Lehrerinnen und Lehrer

„Chinesisch schreiben" ist eine Sammlung von Kopiervorlagen für einen Lehrgang, bei dem die Kinder mit einer Auswahl chinesischer Schriftzeichen vertraut werden. Am besten werden die einzelnen Arbeitsblätter zu einer Mappe zusammengetragen, in der auch die Übersichten 1 und 2 (s. S. 36 f.) abgeheftet werden.

Der Lehrgang besteht aus zwei Teilen:

Teil 1 (S. 5–18): Die einfachen Schriftzeichen
Einfache Schriftzeichen sind Zeichen, die jeweils einem Wort entsprechen. Ihre Bedeutung kann aus der Form des Zeichens abgeleitet werden.

Teil 2 (S. 19–35): Die zusammengesetzten Schriftzeichen
Zusammengesetzte Schriftzeichen entstehen durch das Zusammenfügen mehrerer einfacher Schriftzeichen. Durch die Interpretation dieser Zeichenzusammenstellung kann eine Vermutung über die Bedeutung hergeleitet werden.

Die einfachen und die zusammengesetzten Schriftzeichen werden einzeln und mit zunehmendem grafischem Schwierigkeitsgrad eingeführt. Besonders wichtig ist es, dass die Kinder bei jeder Lerneinheit:

- zunächst einmal die Verbindung zwischen dem Zeichen und seiner Bedeutung herstellen. Hierfür stehen ihnen zum Nachschlagen Übersicht 1 (Einfache Schriftzeichen in Bildern) und Übersicht 2 (Zusammengesetzte Schriftzeichen mit Erklärungen) zur Verfügung (s. S. 36 f.).

- den Stift richtig halten, d. h. in folgender Weise:

Zeigefinger und Daumen bilden eine Zange. Durch diese beiden Finger entsteht der eigentliche Griff. Dahinter liegt der Stift auf dem Mittelfinger und im Bogen zwischen Zeigefinger und Daumen. Die Energie konzentriert sich also auf Daumen und Zeigefinger. Nimmt man eine andere Fingerhaltung ein, geht Energie und somit die Effizienz im Umgang mit dem Stift verloren.

Die richtige Haltung erlaubt es, den Stift sicher zu führen und die Entwicklung des Geschriebenen mitzuverfolgen. Es wird empfohlen, sie sowohl zum Schreiben (ganz gleich in welcher Sprache!) als auch zum Zeichnen einzunehmen.

- sich bei jedem Schriftzeichen genau an die angegebene Reihenfolge der grafischen Konstruktion halten;

- jedes neu eingeführte Zeichen an der dafür vorgesehenen Stelle ummalen und übersetzen. Sie werden dadurch einen Überblick über ihre eigenen Fortschritte bekommen.

Jeder Einführung eines neuen Zeichens folgen Übungen, die den Kindern die Möglichkeit geben, ihre neuen Erkenntnisse durch den freien und kreativen Einsatz ihrer Farbstifte zu festigen. Sie können ihrer Fantasie freien Lauf lassen! Dennoch sollte auch hier großer Wert darauf gelegt werden, dass die Kinder die allgemeinen Regeln bei der Wiedergabe der Schriftzeichen respektieren.

Hinweis:
Im Chinesischen gibt es – ganz im Gegensatz zum Deutschen – keine Artikel. Ein weiterer Unterschied besteht darin, dass in der Regel ein Wort sich im Plural nicht ändert, der Plural vielmehr aus dem Kontext hervorgeht. Werden in den Übungen die chinesischen Schriftzeichen ersatzweise für deutsche Vokabeln eingesetzt (s. z. B. S. 5, Aufgabe 4), wird der Verständlichkeit des Satzes wegen der im Deutschen verwendete Artikel vorgegeben.

Einführung

Hallo!

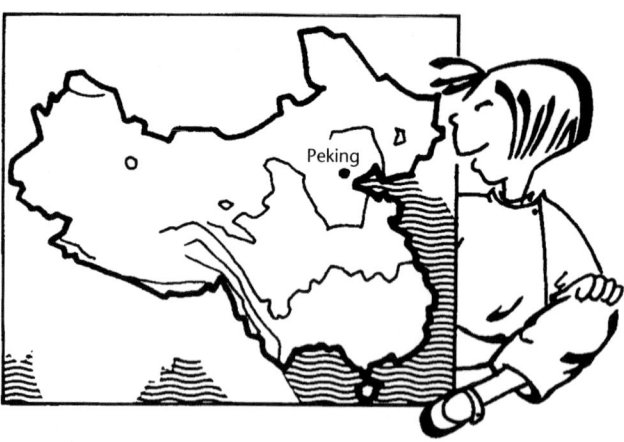

– Ich heiße Zhang. Um meinen Namen richtig auszusprechen, musst du „Dschang" sagen.

– Und ich heiße Yamei. Dieser Vorname wird „Jame-i" ausgesprochen.

– Wir kommen beide aus Peking. Diese große Stadt ist die Hauptstadt eines Landes, von dem du sicher schon einmal gehört hast: China!

– China ist 30-mal so groß wie Deutschland, hier leben mehr als eine Milliarde Einwohner. Das sind ganz schön viele Menschen, nicht wahr?

– Unser Land ist so groß, dass alle Chinesen mindestens zwei Sprachen sprechen: ihre Regionalsprache und die Nationalsprache, die man „Mandarin" nennt.

– Wir haben auch eine gemeinsame Schrift.
Hier siehst du ein Beispiel:

你 好

– Diese Zeichen bedeuten „Guten Tag!". Du findest diese Schrift bestimmt sehr merkwürdig, oder?
Die Chinesen benutzen keine Buchstaben, sondern **Schriftzeichen**.

– Jedem Wort entspricht ein Schriftzeichen, das mehr oder weniger dem ähnelt, was es bedeutet.

木 z. B. bedeutet „Baum".

– In der chinesischen Schrift gibt es viele Schriftzeichen – und zwar ungefähr 200 000 verschiedene! In den gängigen Wörterbüchern stehen um die 8 000 Zeichen.

– Natürlich werden wir sie dir nicht alle zeigen können. Übrigens kennen die wenigsten Chinesen sie alle. Aber ein paar wollen wir dir versuchen beizubringen.

– Wollen wir anfangen? Hierfür brauchst du Farbstifte, einen gut gespitzten Bleistift und einen Radiergummi.

– Bist du bereit? Na dann – los geht's!

Einfache Schriftzeichen 1

1 Ein Bild zu diesem Schriftzeichen findest du auf der Übersicht 1.

der **Mensch**

2 Zeichne das Schriftzeichen nach! Setze die Striche in der vorgegebenen Reihenfolge.

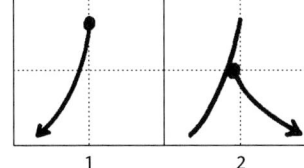

3 Hier siehst du eine Reihe von Schriftzeichen. Male die Kreise über den Schriftzeichen grün aus, die der **Mensch** bedeuten. Male alle anderen rot aus.

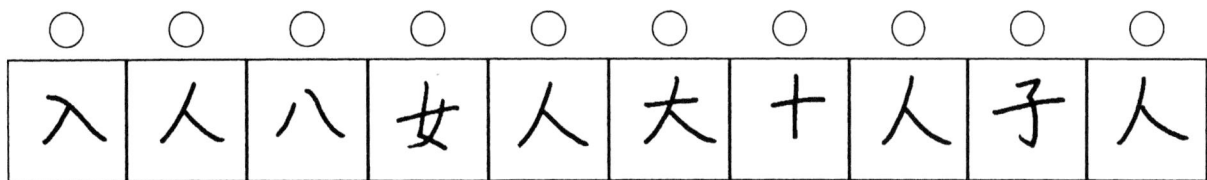

4 Male den Kreis grün aus, wenn der Satz dir richtig erscheint. Male ihn rot aus, wenn er keinen Sinn ergibt:

○ Gestern Abend habe ich einen 人 gegessen.

○ In China leben über ein Milliarde 人.

○ Viele 人 tragen gerne einen Hut.

○ 1969 ist der erste 人 auf dem Mond gelandet.

○ In meinem Schulranzen ist ein 人.

Das folgende Schriftzeichen bedeutet die **Frau**. Erfinde zu diesem Zeichen ein Bild. Die Darstellung auf der Übersicht 1 kann dir als Anregung dienen.

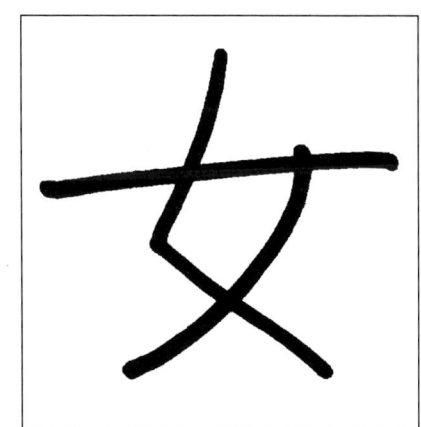

5 Suche das Schriftzeichen 人 auf der Übersicht 1 und schreibe die Übersetzung dazu.

Einfache Schriftzeichen

1 Ein Bild zu diesem Schriftzeichen findest du auf der Übersicht 1.

2 Zeichne das Schriftzeichen nach! Setze die Striche in der vorgegebenen Reihenfolge.

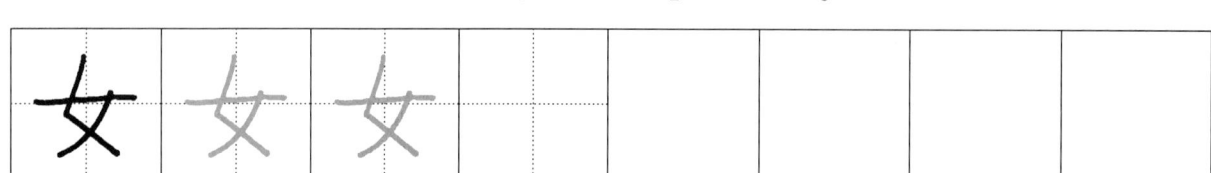

3 Hier siehst du eine Reihe von Schriftzeichen. Male die Kreise über den Schriftzeichen grün aus, die die Frau bedeuten. Male alle anderen rot aus.

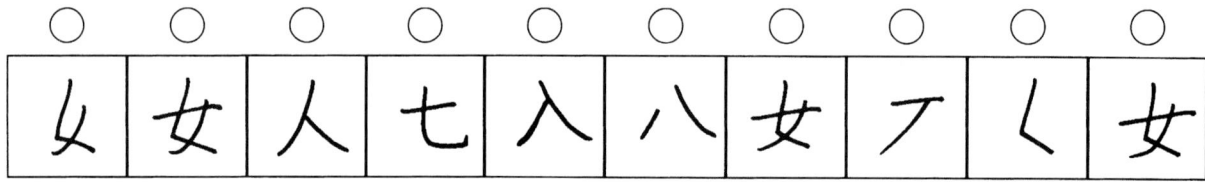

4 Male den Kreis grün aus, wenn der Satz dir richtig erscheint. Male ihn rot aus, wenn er keinen Sinn ergibt:

○ Meine Lehrerin ist eine 女.

○ Diese 女 trägt einen langen Bart.

○ Meine Mutter ist ein 人.

○ Wenn er groß ist, wird mein Bruder eine 女 sein.

○ Nebenan wohnt eine 女 mit ihrem Kind.

Das folgende Schriftzeichen bedeutet das Kind. Erfinde zu diesem Zeichen ein Bild. Die Darstellung auf der Übersicht 1 kann dir als Anregung dienen.

5 Suche das Schriftzeichen 女 auf der Übersicht 1 und schreibe die Übersetzung dazu.

Einfache Schriftzeichen 3

1 Ein Bild zu diesem Schriftzeichen findest du auf der Übersicht 1.

2 Zeichne das Schriftzeichen nach! Setze die Striche in der vorgegebenen Reihenfolge.

3 Hier siehst du eine Reihe von Schriftzeichen. Male die Kreise über den Schriftzeichen grün aus, die das Kind bedeuten. Male alle anderen rot aus.

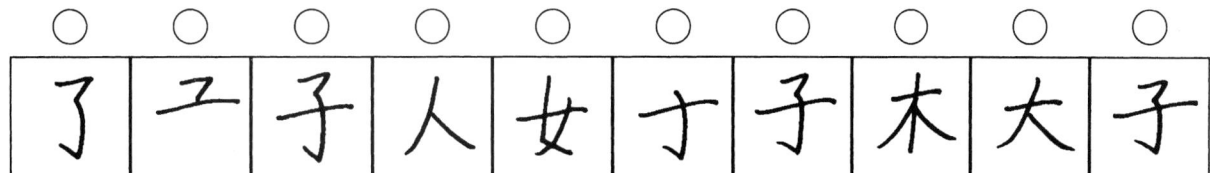

4 Male den Kreis grün aus, wenn der Satz dir richtig erscheint. Male ihn rot aus, wenn er keinen Sinn ergibt:

○ Dieses 子 ist 53 Jahre alt.

○ Die meisten 子 mögen Bonbons.

○ Der Mann geht mit seinen 子 auf den Spielplatz.

○ Diese 女 hat fünf 子.

○ Der Film ist nur für 子 ab 6 Jahren geeignet.

Das folgende Schriftzeichen bedeutet das Dach. Erfinde zu diesem Zeichen ein Bild. Die Darstellung auf der Übersicht 1 kann dir als Anregung dienen.

5 Suche das Schriftzeichen 子 auf der Übersicht 1 und schreibe die Übersetzung dazu.

Alain Weinich/Christian Lamblin: Chinesisch schreiben
© Auer Verlag

Einfache Schriftzeichen

1 Ein Bild zu diesem Schriftzeichen findest du auf der Übersicht 1.

2 Zeichne das Schriftzeichen nach! Setze die Striche in der vorgegebenen Reihenfolge.

3 Hier siehst du eine Reihe von Schriftzeichen. Male die Kreise über den Schriftzeichen grün aus, die *das Dach* bedeuten. Male alle anderen rot aus.

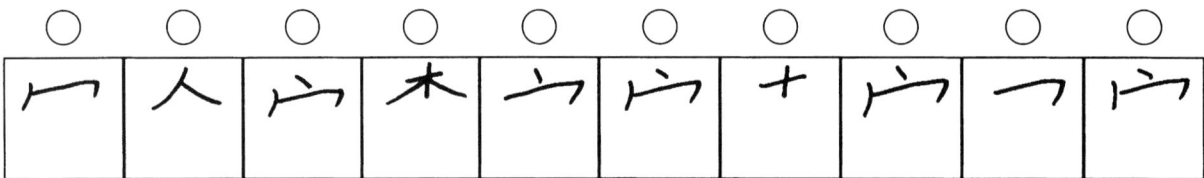

4 Male den Kreis grün aus, wenn der Satz dir richtig erscheint. Male ihn rot aus, wenn er keinen Sinn ergibt:

○ Viele 人 haben kein 宀 über dem Kopf.

○ Das 宀 der Schule schützt die 子.

○ Die 女 brät in der Pfanne ein Stück 宀.

○ Die meisten 人 schlafen nachts auf dem 宀 ihres Hauses.

○ Die 子 dürfen nicht auf das 宀 steigen.

Das folgende Schriftzeichen bedeutet *der Baum*. Erfinde zu diesem Zeichen ein Bild. Die Darstellung auf der Übersicht 1 kann dir als Anregung dienen.

5 Suche das Schriftzeichen 宀 auf der Übersicht 1 und schreibe die Übersetzung dazu.

Einfache Schriftzeichen

1 Ein Bild zu diesem Schriftzeichen findest du auf der Übersicht 1.

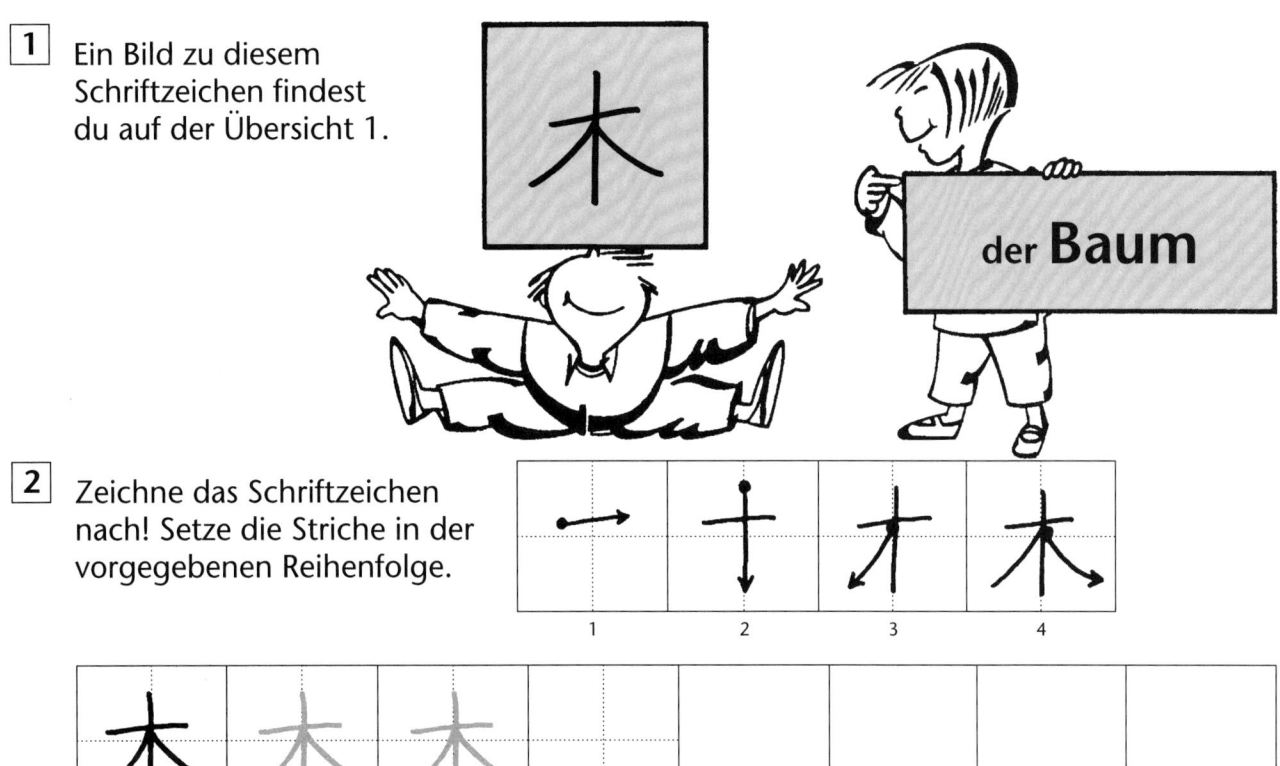

2 Zeichne das Schriftzeichen nach! Setze die Striche in der vorgegebenen Reihenfolge.

3 Hier siehst du eine Reihe von Schriftzeichen. Male die Kreise über den Schriftzeichen grün aus, die der Baum bedeuten. Male alle anderen rot aus.

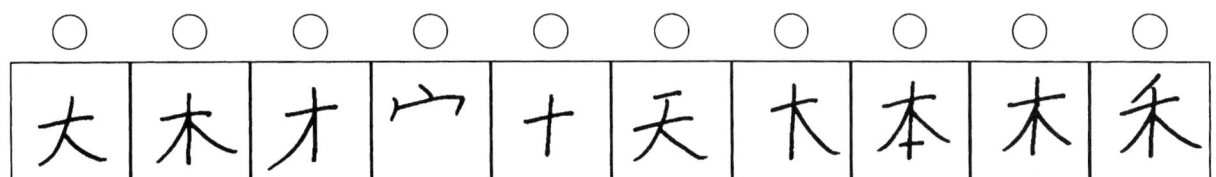

4 Male den Kreis grün aus, wenn der Satz dir richtig erscheint. Male ihn rot aus, wenn er keinen Sinn ergibt:

○ Ein 木 wächst auf dem 宀 des Hauses.

○ Mein Bruder klettert auf einen 木.

○ Das 子 malt einen 木 in sein Heft.

○ Die 子 werden den Weihnachts木 schmücken.

○ Dieses 子 hat einen 木 in seinem Ohr.

Das folgende Schriftzeichen bedeutet das Feuer. Erfinde zu diesem Zeichen ein Bild. Die Darstellung auf der Übersicht 1 kann dir als Anregung dienen.

5 Suche das Schriftzeichen 木 auf der Übersicht 1 und schreibe die Übersetzung dazu.

Einfache Schriftzeichen

1 Ein Bild zu diesem Schriftzeichen findest du auf der Übersicht 1.

火 — das Feuer

2 Zeichne das Schriftzeichen nach! Setze die Striche in der vorgegebenen Reihenfolge.

3 Hier siehst du eine Reihe von Schriftzeichen. Male die Kreise über den Schriftzeichen grün aus, die das Feuer bedeuten. Male alle anderen rot aus.

4 Male den Kreis grün aus, wenn der Satz dir richtig erscheint. Male ihn rot aus, wenn er keinen Sinn ergibt:

○ Viele 人 haben Angst vor 火.

○ Gestern Vormittag hat das Meer 火 gefangen.

○ Sie haben den alten 木 gefällt, um ein 火 zu machen.

○ Das 宀 des Hauses hat 火 gefangen.

○ 子 dürfen nicht mit dem 火 spielen.

Das folgende Schriftzeichen bedeutet das Getreide. Erfinde zu diesem Zeichen ein Bild. Die Darstellung auf der Übersicht 1 kann dir als Anregung dienen.

5 Suche das Schriftzeichen 火 auf der Übersicht 1 und schreibe die Übersetzung dazu.

Einfache Schriftzeichen

1 Ein Bild zu diesem Schriftzeichen findest du auf der Übersicht 1.

2 Zeichne das Schriftzeichen nach! Setze die Striche in der vorgegebenen Reihenfolge.

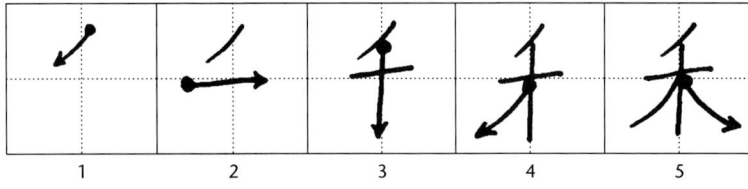

3 Hier siehst du eine Reihe von Schriftzeichen. Male die Kreise über den Schriftzeichen grün aus, die das Getreide bedeuten. Male alle anderen rot aus.

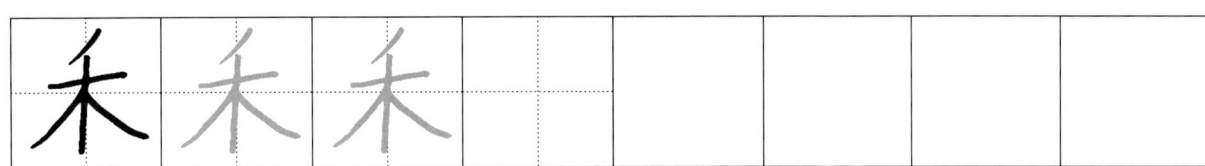

4 Male den Kreis grün aus, wenn der Satz dir richtig erscheint. Male ihn rot aus, wenn er keinen Sinn ergibt:

○ Das 禾 wird in den Zug verladen.

○ Aus 禾 kochen die 子 Marmelade.

○ Die 女 baut auf dem 宀 des Hauses 禾 an.

○ Im Spätsommer ernten die 人 das 禾.

○ Das 禾 hat 火 gefangen.

Das folgende Schriftzeichen bedeutet das Feld. Erfinde zu diesem Zeichen ein Bild. Die Darstellung auf der Übersicht 1 kann dir als Anregung dienen.

5 Suche das Schriftzeichen 禾 auf der Übersicht 1 und schreibe die Übersetzung dazu.

Alain Weinich/Christian Lamblin: Chinesisch schreiben
© Auer Verlag

Einfache Schriftzeichen

1 Ein Bild zu diesem Schriftzeichen findest du auf der Übersicht 1.

2 Zeichne das Schriftzeichen nach! Setze die Striche in der vorgegebenen Reihenfolge.

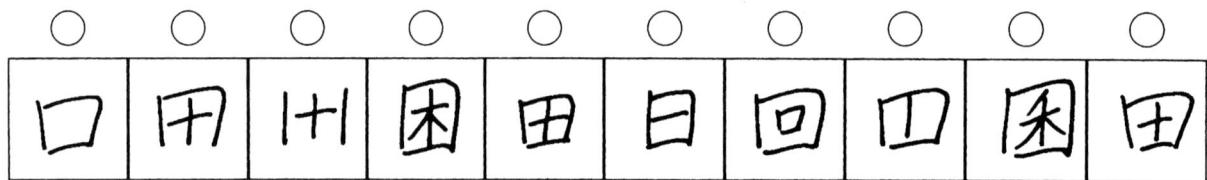

3 Hier siehst du eine Reihe von Schriftzeichen. Male die Kreise über den Schriftzeichen grün aus, die das Feld bedeuten. Male alle anderen rot aus.

4 Male den Kreis grün aus, wenn der Satz dir richtig erscheint. Male ihn rot aus, wenn er keinen Sinn ergibt:

○ Auf diesem 田 wachsen Zuckerrüben.

○ Viele 人 arbeiten auf dem 田.

○ Der 木 auf dem 田 ist reif.

○ Das 火, das auf dem 田 wächst, wird bald geerntet.

○ Das 子 hat ein 田 auf seinem Kopf.

Das folgende Schriftzeichen bedeutet die Sonne. Erfinde zu diesem Zeichen ein Bild. Die Darstellung auf der Übersicht 1 kann dir als Anregung dienen.

5 Suche das Schriftzeichen 田 auf der Übersicht 1 und schreibe die Übersetzung dazu.

Einfache Schriftzeichen

1 Ein Bild zu diesem Schriftzeichen findest du auf der Übersicht 1.

die Sonne

2 Zeichne das Schriftzeichen nach! Setze die Striche in der vorgegebenen Reihenfolge.

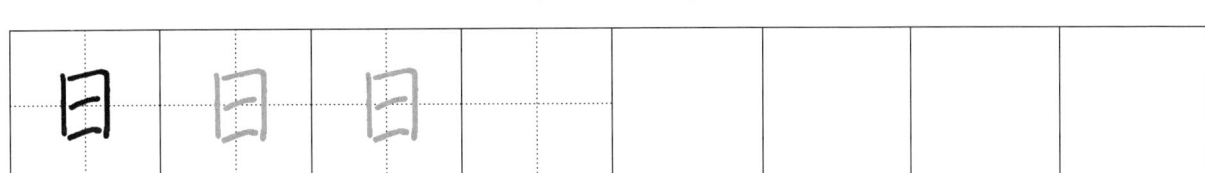

3 Hier siehst du eine Reihe von Schriftzeichen. Male die Kreise über den Schriftzeichen grün aus, die die Sonne bedeuten. Male alle anderen rot aus.

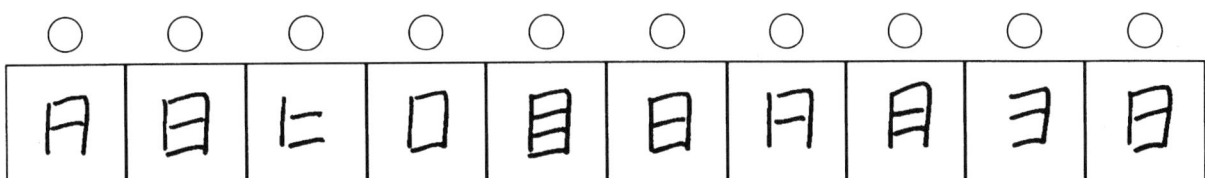

4 Male den Kreis grün aus, wenn der Satz dir richtig erscheint. Male ihn rot aus, wenn er keinen Sinn ergibt:

○ Die 日 steht am Himmel.

○ Der 人 ist bereits auf der 日 gelandet.

○ Die 日 ist vom 人 geschaffen worden.

○ Ein 子 malt die 日 in sein Heft.

○ Die 子 schmilzen in der 日.

Das folgende Schriftzeichen bedeutet der Mond. Erfinde zu diesem Zeichen ein Bild. Die Darstellung auf der Übersicht 1 kann dir als Anregung dienen.

5 Suche das Schriftzeichen 日 auf der Übersicht 1 und schreibe die Übersetzung dazu.

Einfache Schriftzeichen

1 Ein Bild zu diesem Schriftzeichen findest du auf der Übersicht 1.

2 Zeichne das Schriftzeichen nach! Setze die Striche in der vorgegebenen Reihenfolge.

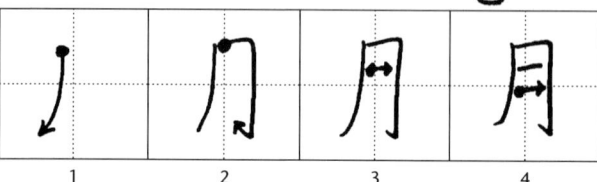

3 Hier siehst du eine Reihe von Schriftzeichen. Male die Kreise über den Schriftzeichen grün aus, die der Mond bedeuten. Male alle anderen rot aus.

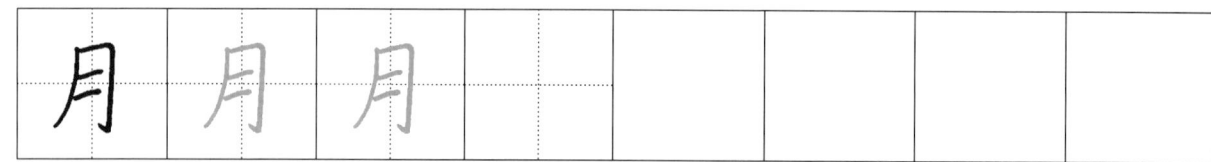

4 Male den Kreis grün aus, wenn der Satz dir richtig erscheint. Male ihn rot aus, wenn er keinen Sinn ergibt:

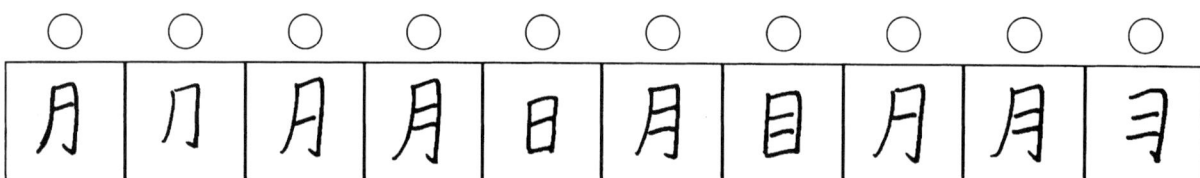

Das folgende Schriftzeichen bedeutet die Hellebarde/die Lanze. Erfinde zu diesem Zeichen ein Bild. Die Darstellung auf der Übersicht 1 kann dir als Anregung dienen.

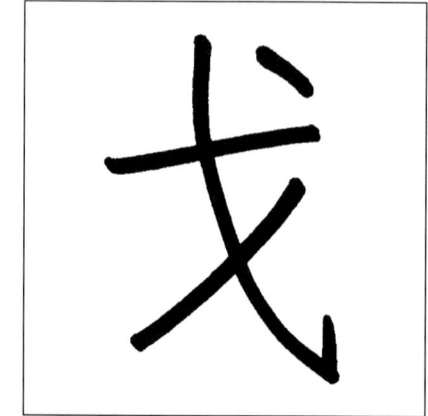

5 Suche das Schriftzeichen 月 auf der Übersicht 1 und schreibe die Übersetzung dazu.

Einfache Schriftzeichen

1 Ein Bild zu diesem Schriftzeichen findest du auf der Übersicht 1.

2 Zeichne das Schriftzeichen nach! Setze die Striche in der vorgegebenen Reihenfolge.

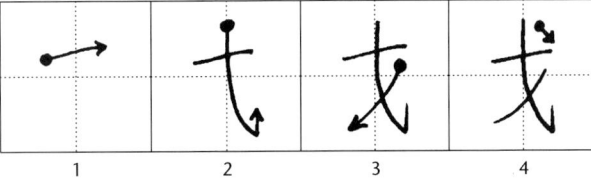

3 Hier siehst du eine Reihe von Schriftzeichen. Male die Kreise über den Schriftzeichen grün aus, die die Hellebarde/die Lanze bedeuten. Male alle anderen rot aus.

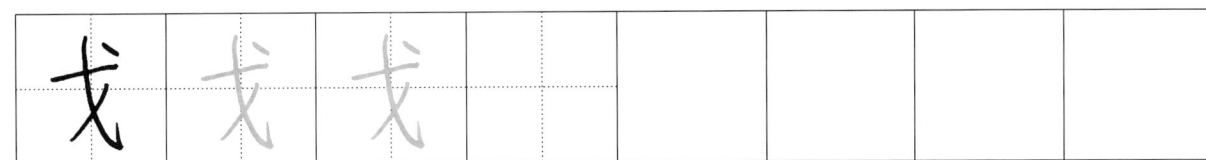

4 Male den Kreis grün aus, wenn der Satz dir richtig erscheint. Male ihn rot aus, wenn er keinen Sinn ergibt:

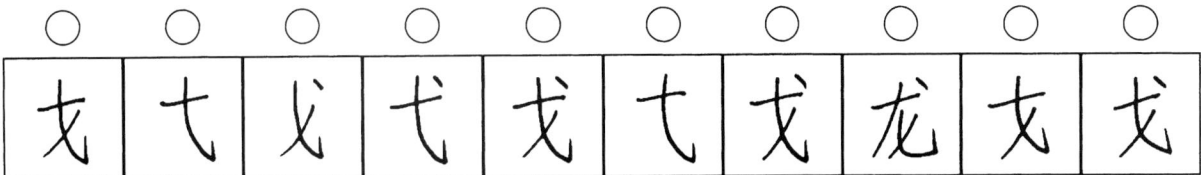

- ○ Früher besaßen viele Soldaten eine 戈.
- ○ Das 子 hat viele 戈 in seinem Schulranzen.
- ○ Heutzutage trägt jede 女 eine 戈 bei sich.
- ○ Die 戈 glänzt in der 日.
- ○ Im Museum bewundern die 人 alte und wertvolle 戈.

Das folgende Schriftzeichen bedeutet der Regen. Erfinde zu diesem Zeichen ein Bild. Die Darstellung auf der Übersicht 1 kann dir als Anregung dienen.

5 Suche das Schriftzeichen 戈 auf der Übersicht 1 und schreibe die Übersetzung dazu.

* Die Hellebarde: mittelalterliche Hieb- und Stoßwaffe

Alain Weinich/Christian Lamblin: Chinesisch schreiben
© Auer Verlag

Einfache Schriftzeichen

1 Ein Bild zu diesem Schriftzeichen findest du auf der Übersicht 1.

2 Zeichne das Schriftzeichen nach! Setze die Striche in der vorgegebenen Reihenfolge.

3 Hier siehst du eine Reihe von Schriftzeichen. Male die Kreise über den Schriftzeichen grün aus, die der Regen bedeuten. Male alle anderen rot aus.

4 Male den Kreis grün aus, wenn der Satz dir richtig erscheint. Male ihn rot aus, wenn er keinen Sinn ergibt:

○ Wenn der Himmel blau ist, fällt immer 雨.

○ Der 雨 bewässert das 田 und den 木.

○ Die 木 brauchen den 雨.

○ Das 宀 schützt die 子 vor dem 雨.

○ Das 禾 kann nur bei 雨 火 fangen.

Das folgende Schriftzeichen bedeutet der Berg. Erfinde zu diesem Zeichen ein Bild.

5 Suche das Schriftzeichen 雨 auf der Übersicht 1 und schreibe die Übersetzung dazu.

Einfache Schriftzeichen 13

1 Vervollständige das Bild nach folgender Beschreibung:

Neben dem Haus stehen zwei 木.

Am Waldrand ist ein 火 ausgebrochen.

Die 日 steht über dem Wald; sie wird teilweise von einer Wolke verdeckt, die 雨 bringt.

Ein 人 mit einer 戈 steht vor dem Haus.

Das 宀 des Hauses ist gelb.

Es ist auch ein 田 mit 禾 zu sehen.

2 Vervollständige die Schriftzeichen jeweils durch den fehlenden Strich.

3 Zeichne in jedes Feld das passende Schriftzeichen.

Alain Weinich/Christian Lamblin: Chinesisch schreiben
© Auer Verlag

1 Verbinde die zusammengehörigen Felderpaare. Die Verbindungslinien dürfen sich dabei aber nicht überkreuzen!

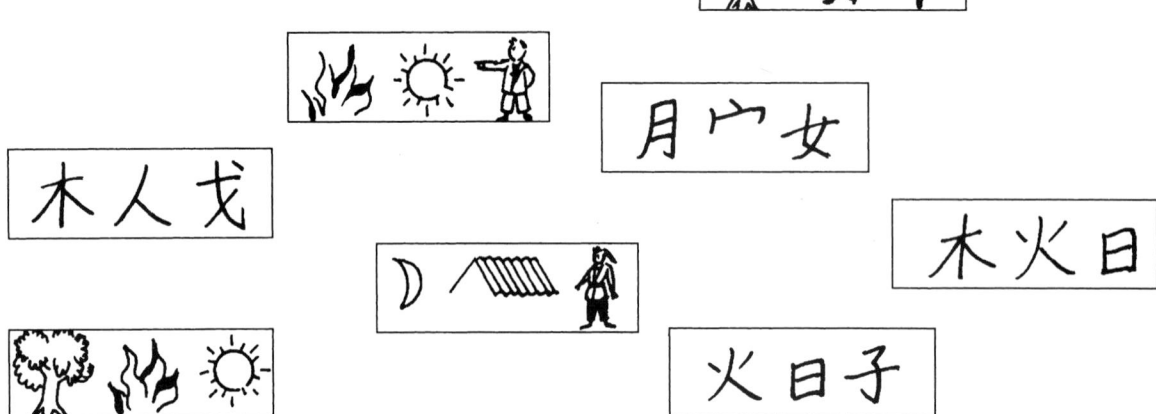

2 Was passt hier nicht?

- Kreise ein, was *nicht lebendig* ist:　人　戈　木　月
- Kreise ein, was *nicht warm* ist:　日　雨　宀　火
- Kreise ein, was *nicht am Himmel* ist:　子　月　日　雨

3 Hier siehst du Krieger aus dem alten China.

Der Sonnen-Krieger ist gelb. Der Mond-Krieger ist grau, der Feuer-Krieger ist rot und der Regen-Krieger ist blau. Male jeden Krieger in seiner Farbe aus!

Diese vier Krieger werden nun gegeneinander kämpfen. Sieger wird derjenige, dessen Symbol genauso viele Buchstaben (im Deutschen) hat wie Striche (im Chinesischen). Trage den Namen des Siegers auf Chinesisch ein!

Sieger ist der ☐-Krieger.

Zusammengesetzte Schriftzeichen

1. Die Erklärung für dieses Zeichen findest du auf der Übersicht 2.

2. Zeichne das Schriftzeichen nach! Setze die Striche in der vorgegebenen Reihenfolge.

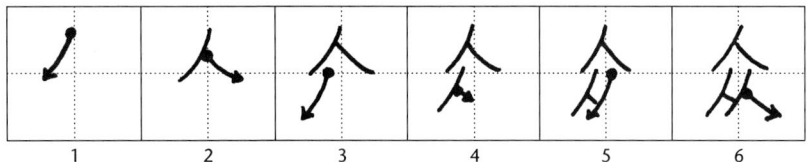

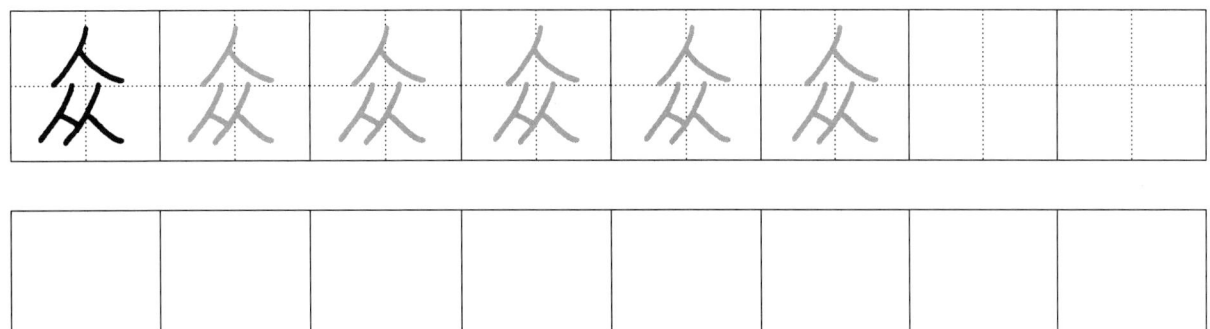

3. Grün oder rot?

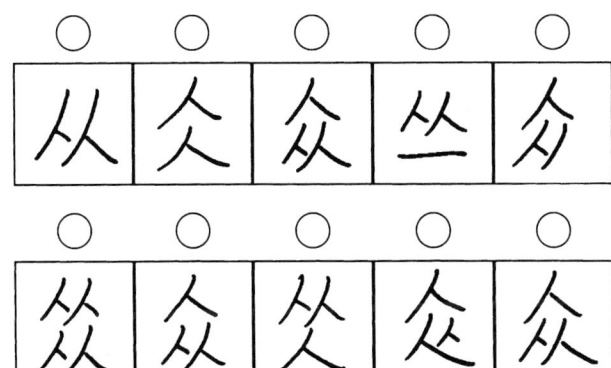

Das folgende Schriftzeichen bedeutet **der Frieden**. Erfinde zu diesem Zeichen ein Bild.

4. Suche das Schriftzeichen 众 auf der Übersicht 2, male es an und schreibe die Übersetzung dazu.

Zusammengesetzte Schriftzeichen

1 Die Erklärung für dieses Zeichen findest du auf der Übersicht 2.

2 Zeichne dieses Schriftzeichen nach! Setze die Striche in der vorgegebenen Reihenfolge.

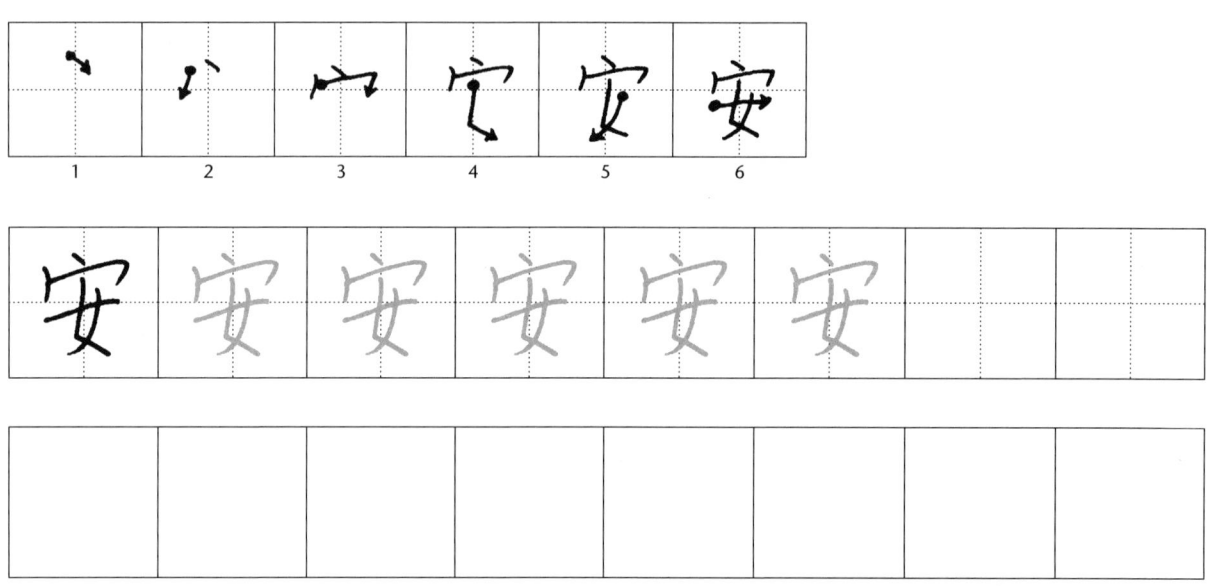

3 Grün oder rot?

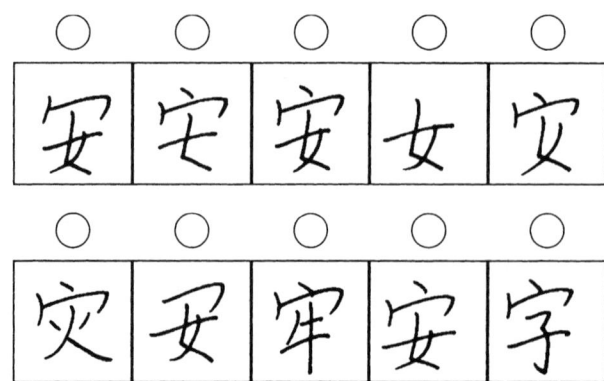

Das folgende Schriftzeichen bedeutet **der Pflaumenbaum**. Erfinde zu diesem Zeichen ein Bild.

4 Suche das Schriftzeichen 安 auf der Übersicht 2, male es an und schreibe die Übersetzung dazu.

Zusammengesetzte Schriftzeichen

1 Die Erklärung für dieses Zeichen findest du auf der Übersicht 2.

2 Zeichne dieses Schriftzeichen nach! Setze die Striche in der vorgegebenen Reihenfolge.

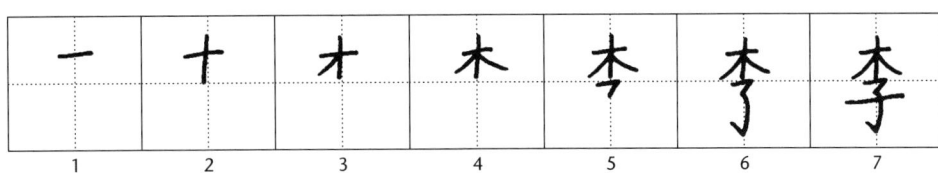

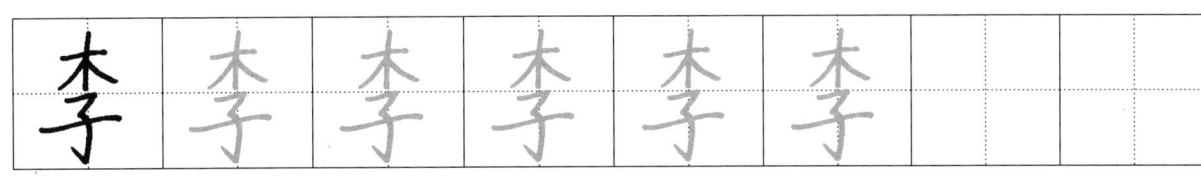

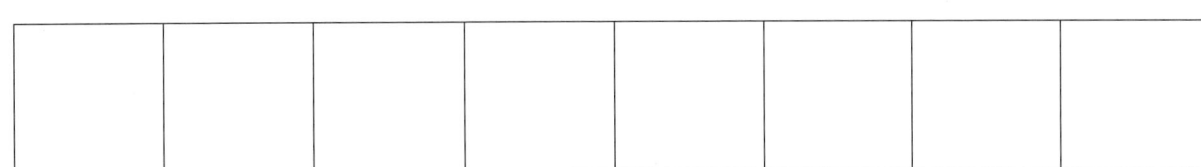

3 Grün oder rot?

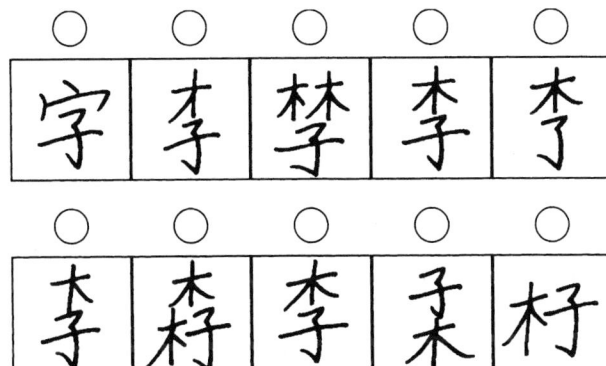

Das folgende Schriftzeichen bedeutet (etwas) anbauen. Erfinde zu diesem Zeichen ein Bild.

4 Suche das Schriftzeichen 李 auf der Übersicht 2, male es an und schreibe die Übersetzung dazu.

Alain Weinich/Christian Lamblin: Chinesisch schreiben
© Auer Verlag

18 Zusammengesetzte Schriftzeichen

1 Die Erklärung für dieses Zeichen findest du auf der Übersicht 2.

2 Zeichne dieses Schriftzeichen nach!
Setze die Striche in der vorgegebenen Reihenfolge.

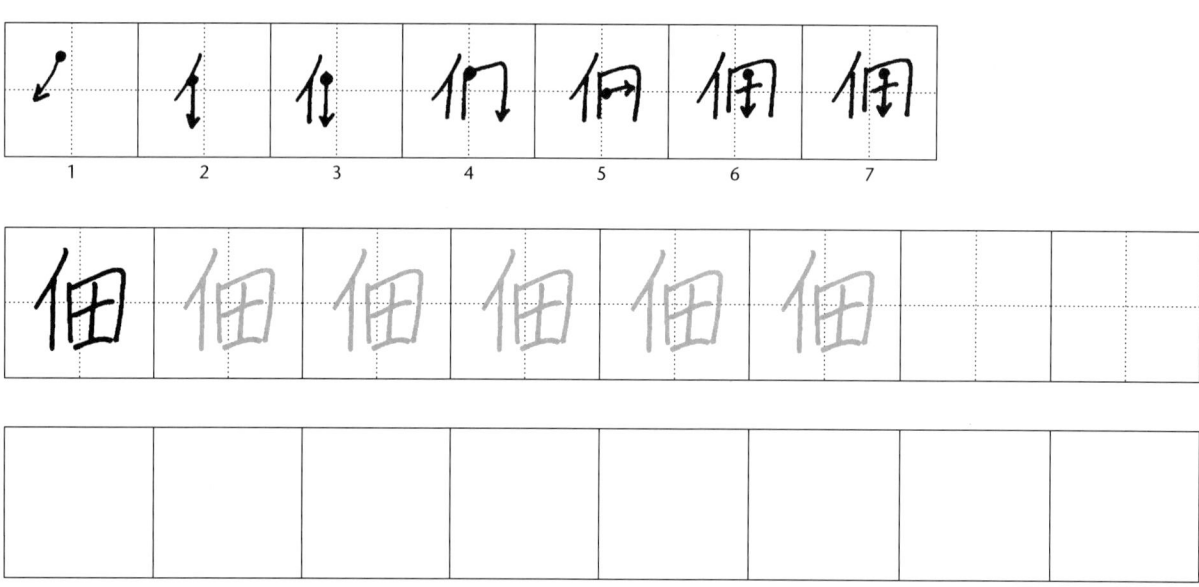

3 Grün oder rot?

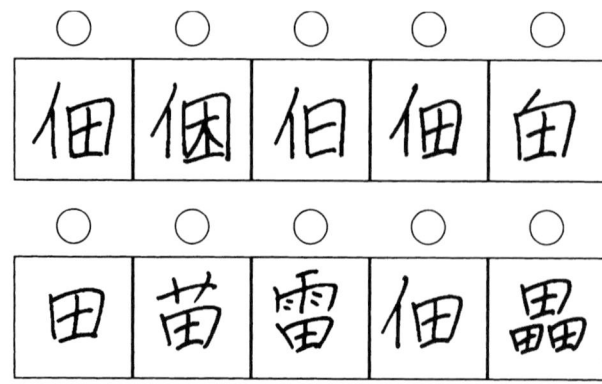

Das folgende Schriftzeichen bedeutet hell. Erfinde zu diesem Zeichen ein Bild.

4 Suche das Schriftzeichen 佃 auf der Übersicht 2, male es an und schreibe die Übersetzung dazu.

Zusammengesetzte Schriftzeichen

1 Die Erklärung für dieses Zeichen findest du auf der Übersicht 2.

2 Zeichne dieses Schriftzeichen nach! Setze die Striche in der vorgegebenen Reihenfolge.

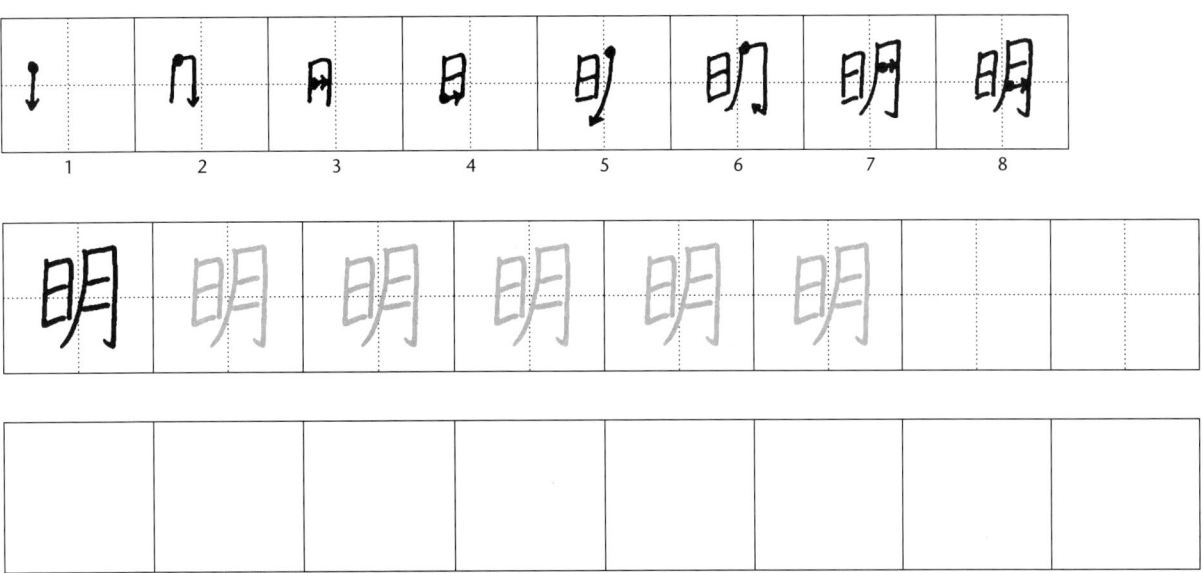

3 Grün oder rot?

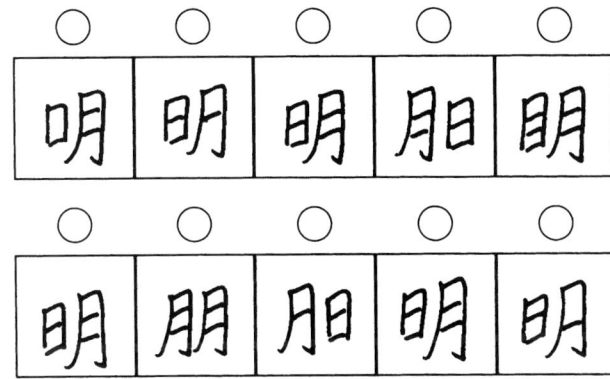

4 Suche das Schriftzeichen 明 auf der Übersicht 2, male es an und schreibe die Übersetzung dazu.

Das folgende Schriftzeichen bedeutet der Wald. Erfinde zu diesem Zeichen ein Bild.

Zusammengesetzte Schriftzeichen

1 In den folgenden zusammengesetzten Schriftzeichen fehlt jeweils ein einfaches Schriftzeichen.

   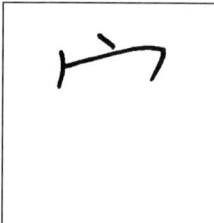

Vervollständige sie mit Hilfe der nachfolgenden einfachen Schriftzeichen. Vorsicht! Hier gibt es ein Zeichen zu viel!

2 Verbinde die Bilder mit den passenden Schriftzeichen!

Alain Weinich/Christian Lamblin: Chinesisch schreiben
© Auer Verlag

Zusammengesetzte Schriftzeichen

1 In jedem dieser zusammengesetzten Schriftzeichen fehlt ein Strich. Zeichne ihn ein!

2 Grüner oder roter Kreis?

○ Ein 人 ist am Stamm eines 李 festgebunden.

○ Das 宀 des Hauses schützt die 子 vor dem Regen.

○ Das 子 hat mit der 戈 auf dem 月 Gemüse angepflanzt.

○ Der 人 baut auf der 日 李 an.

○ Die zwei Anführer haben sich unter einem 木 getroffen, um 安 zu schließen.

3 Verbinde jede Beschreibung mit dem passenden Schriftzeichen und schreibe die Übersetzungen dazu.

ein Feld bestellen	•	•	
Das Kind spielt unter seinem Lieblingsbaum.	•	•	
Die Frau ist unter dem Dach.	•	•	
viele Menschen	•	•	
Sonne und Mond entsenden Licht.	•	•	

Alain Weinich/Christian Lamblin: Chinesisch schreiben
© Auer Verlag

Zusammengesetzte Schriftzeichen

1 Die Erklärung für dieses Zeichen findest du auf der Übersicht 2.

der Wald

2 Zeichne dieses Schriftzeichen nach!
Setze die Striche in der vorgegebenen Reihenfolge.

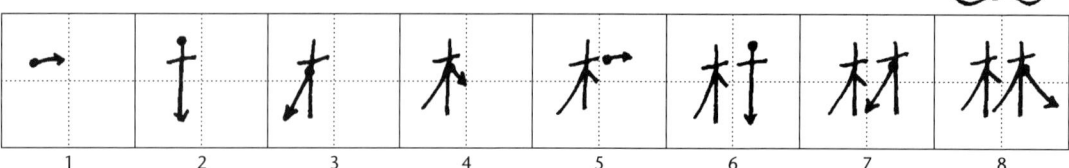

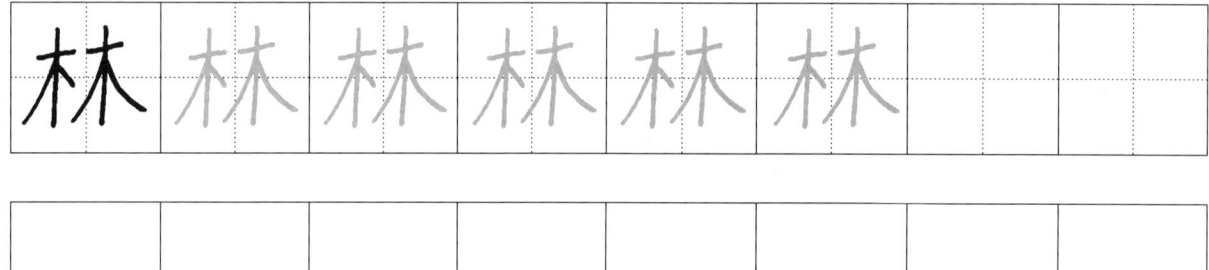

3 Grün oder rot?

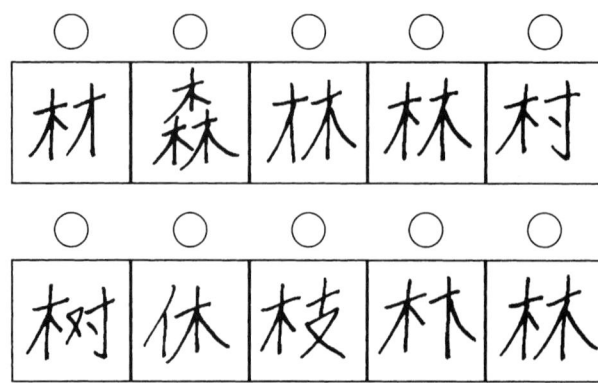

Das folgende Schriftzeichen bedeutet der Herbst. Erfinde zu diesem Zeichen ein Bild.

4 Suche das Schriftzeichen 林 auf der Übersicht 2, male es an und schreibe die Übersetzung dazu.

Zusammengesetzte Schriftzeichen

1 Die Erklärung für dieses Zeichen findest du auf der Übersicht 2.

2 Zeichne dieses Schriftzeichen nach!
Setze die Striche in der vorgegebenen Reihenfolge.

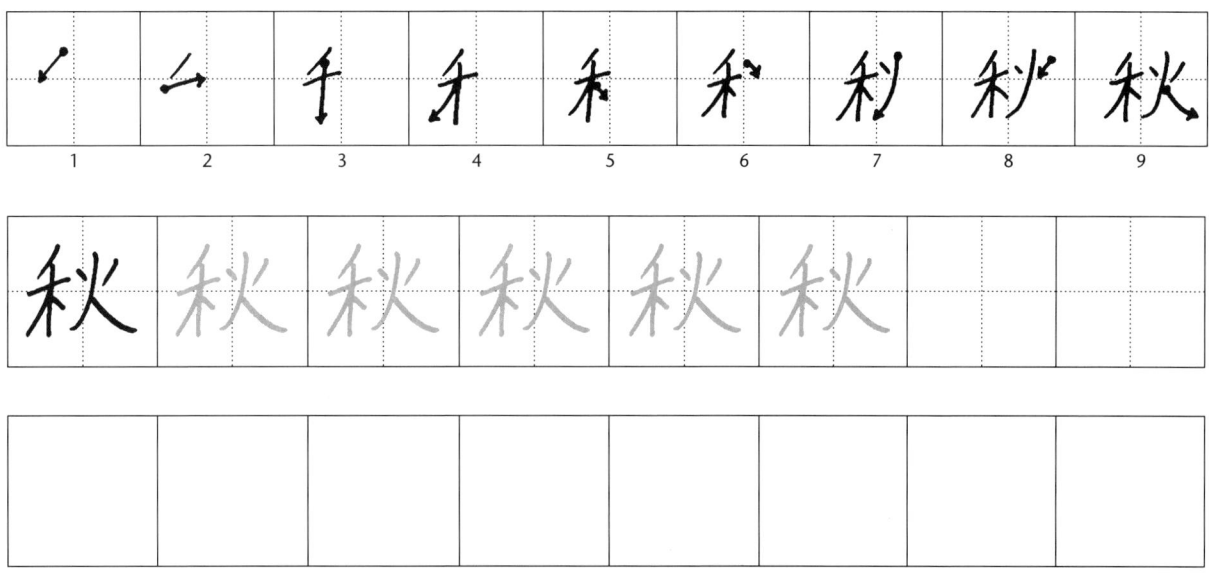

3 Grün oder rot?

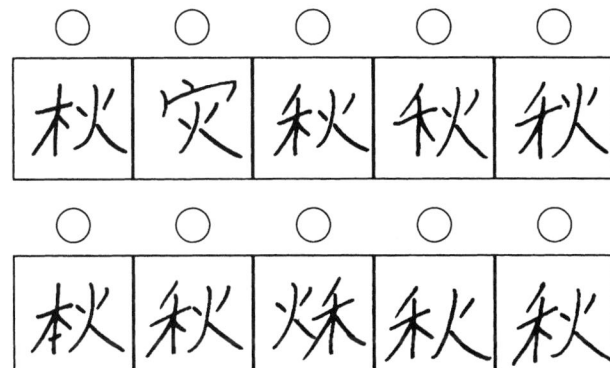

Das folgende Schriftzeichen bedeutet die **Katastrophe**. Erfinde zu diesem Zeichen ein Bild.

4 Suche das Schriftzeichen 秋 auf der Übersicht 2, male es an und schreibe die Übersetzung dazu.

Alain Weinich/Christian Lamblin: Chinesisch schreiben
© Auer Verlag

24 — Zusammengesetzte Schriftzeichen

1 Die Erklärung für dieses Zeichen findest du auf der Übersicht 2.

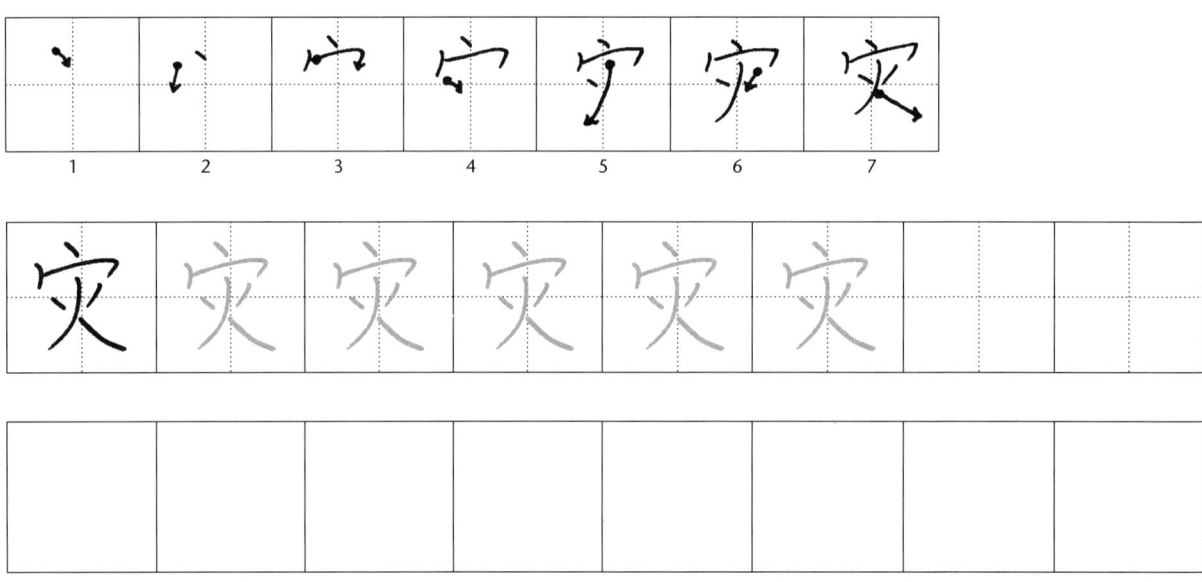

die Katastrophe

2 Zeichne dieses Schriftzeichen nach!
Setze die Striche in der vorgegebenen Reihenfolge.

3 Grün oder rot?

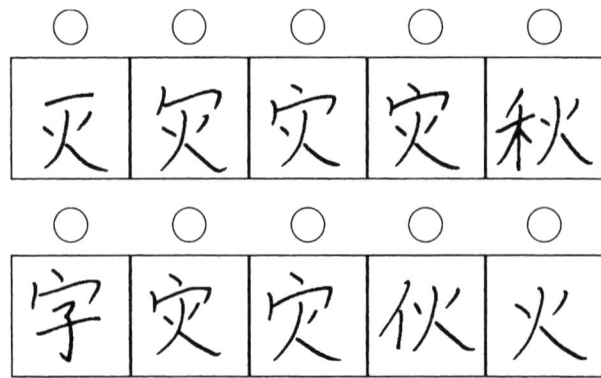

Das folgende Schriftzeichen bedeutet **sich ausruhen**. Erfinde zu diesem Zeichen ein Bild.

4 Suche das Schriftzeichen 灾 auf der Übersicht 2, male es an und schreibe die Übersetzung dazu.

Zusammengesetzte Schriftzeichen

1 Die Erklärung für dieses Zeichen findest du auf der Übersicht 2.

2 Zeichne dieses Schriftzeichen nach!
Setze die Striche in der vorgegebenen Reihenfolge.

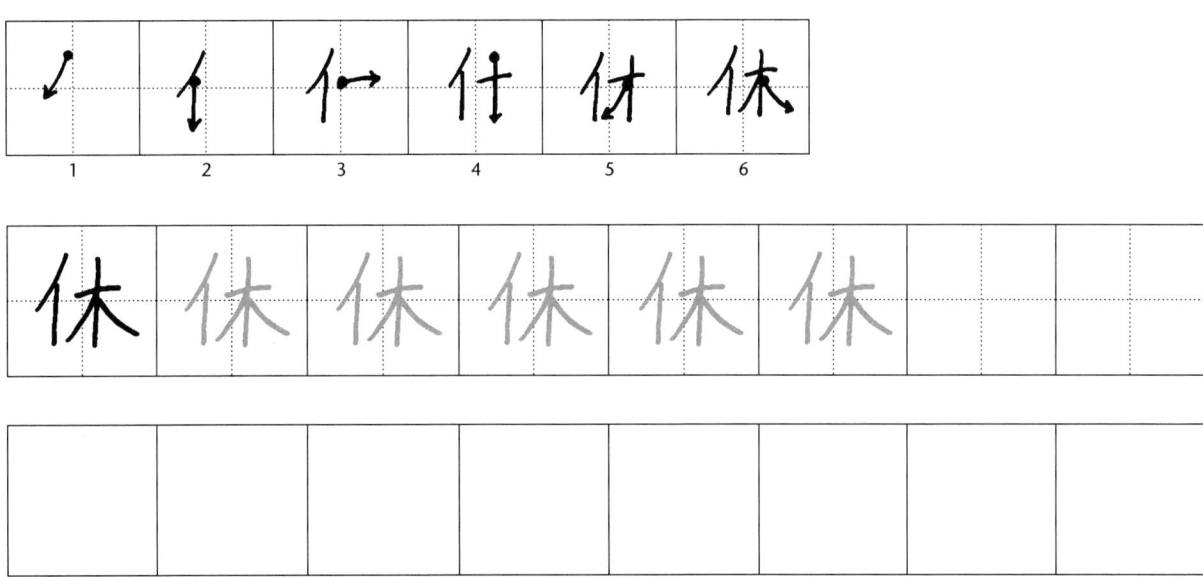

3 Grün oder rot?

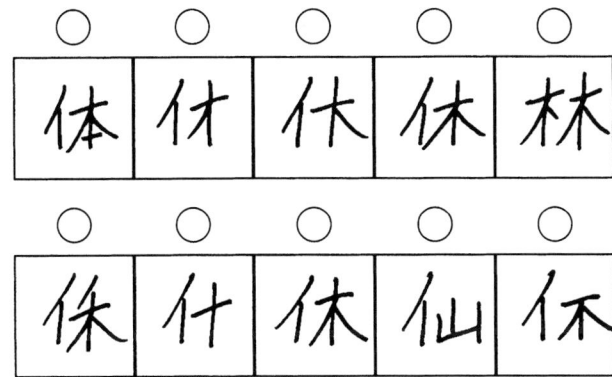

Das folgende Schriftzeichen bedeutet angreifen. Erfinde zu diesem Zeichen ein Bild.

4 Suche das Schriftzeichen 休 auf der Übersicht 2, male es an und schreibe die Übersetzung dazu.

26 Zusammengesetzte Schriftzeichen

1 Die Erklärung für dieses Zeichen findest du auf der Übersicht 2.

2 Zeichne dieses Schriftzeichen nach! Setze die Striche in der vorgegebenen Reihenfolge.

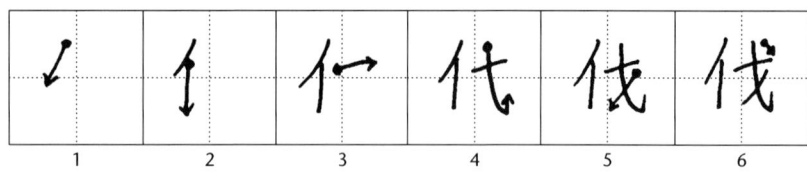

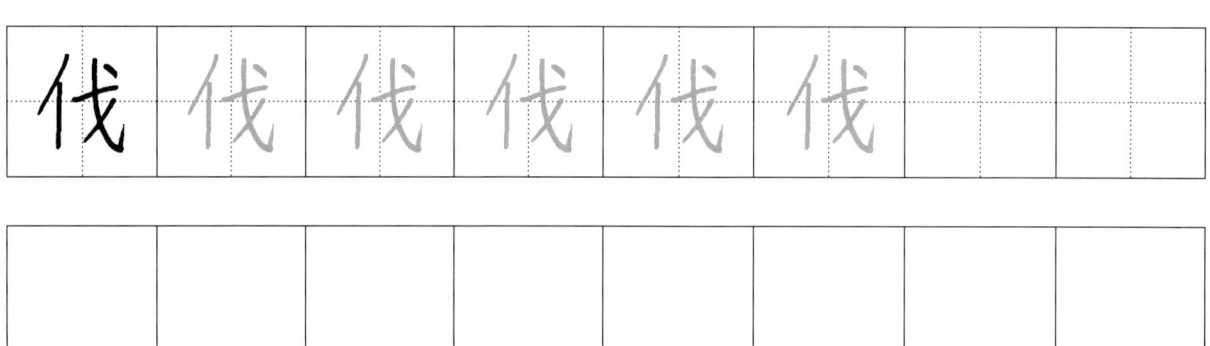

3 Grün oder rot?

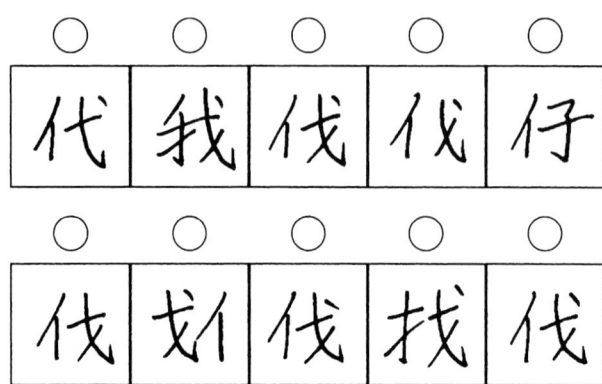

Das folgende Schriftzeichen bedeutet **der Donner**. Erfinde zu diesem Zeichen ein Bild.

4 Suche das Schriftzeichen 伐 auf der Übersicht 2, male es an und schreibe die Übersetzung dazu.

Zusammengesetzte Schriftzeichen

1 Die Erklärung für dieses Zeichen findest du auf der Übersicht 2.

2 Zeichne dieses Schriftzeichen nach! Setze die Striche in der vorgegebenen Reihenfolge.

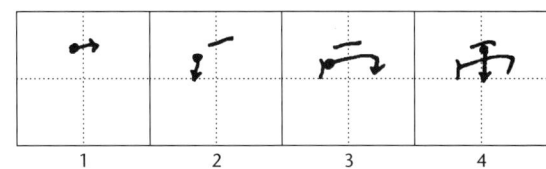

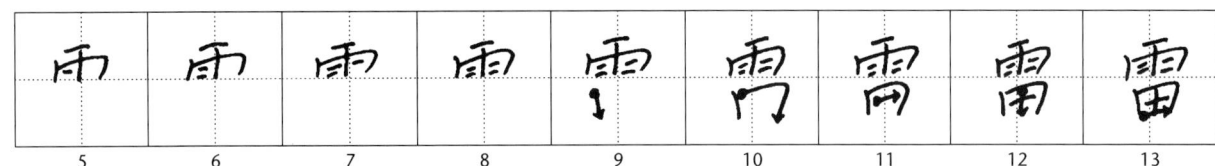

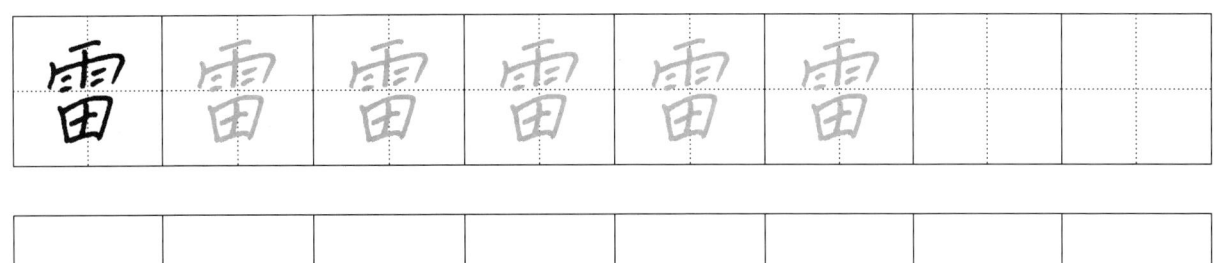

3 Grün oder rot?

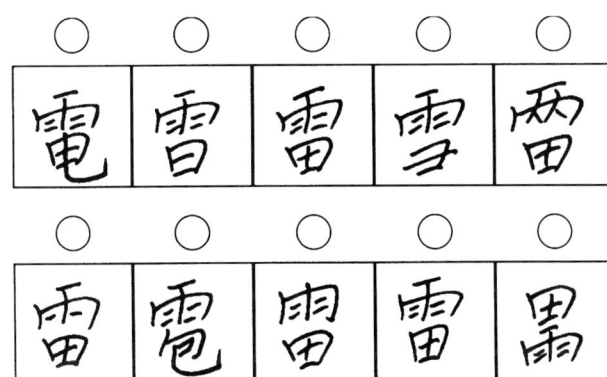

Das folgende Schriftzeichen bedeutet **der Tagesanbruch**. Erfinde zu diesem Zeichen ein Bild.

4 Suche das Schriftzeichen 雷 auf der Übersicht 2, male es an und schreibe die Übersetzung dazu.

Zusammengesetzte Schriftzeichen

1 Hier siehst du vier graue und vier schwarze Schriftzeichen. Verbinde immer zwei zu einem zusammengesetzten Schriftzeichen.

Beispiel: 日 + 月 = 明
hell

Übersetzung: _____ _____ _____ _____

2 Verbinde die Schriftzeichen mit den jeweils passenden Bildern.

林 雷 伐 休 灾

Einfache und zusammengesetzte Schriftzeichen

1 Vervollständige den Text. Setze hierfür in die grauen Felder jeweils ein graues Schriftzeichen und in die schwarzen Felder jeweils ein schwarzes Schriftzeichen.

Ein ☐ spaziert durch den ☐.

Am Fuße eines ☐☐.

Plötzlich hört es den ☐. Der ☐ prasselt nieder.

Schnell läuft es zurück nach Hause.

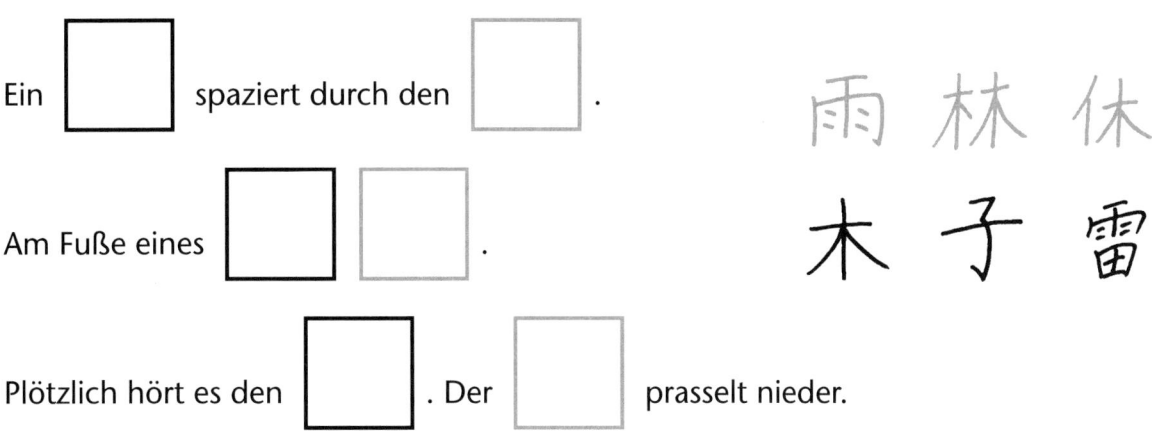

2 Hier findest du Schriftzeichen zu einzelnen Teilen des Bildes. Male diese Bildteile in folgenden Farben aus:

子 in Blau, 女 in Rot, 火 in Orange, 日 in Gelb, 田 in Grün, 宀 in Braun

30 Zusammengesetzte Schriftzeichen

1 Hier findest du ein paar zusammengesetzte Schriftzeichen, von denen du nicht unbedingt alle Teile kennst. Versuche mit dem, was du schon weißt, die passende Beschreibung und Übersetzung zu finden! Streiche jeweils die falschen Beschreibungen durch und kreise die richtige Übersetzung ein!

Der Mond steht über dem Baum.
Die Sonne steht über dem Baum.
Die Sonne steht über dem Menschen.

Welche Übersetzung passt?

die Dunkelheit,   das Licht,   der Krieg

Ein Mensch läuft hinter einem anderen Menschen her.
Eine Frau trägt ein Kind.
Ein Mann ist mit einer Lanze bewaffnet.

Welche Übersetzung passt?

einschlafen,   folgen,   bewachen

Der Donner grollt am Horizont.
Die Sonne steht am Horizont.
Die Sonne steht über dem Dach.

Welche Übersetzung passt?

die Nacht,   der Tagesanbruch,   die Kälte

Ein Mensch arbeitet auf dem Feld.
Ein Mensch ist in einem Raum eingesperrt.
Dank **der Sonne** kann der Baum gut wachsen.

Welche Übersetzung passt?

der Wind,   der Gefangene,   der Sommer

Die Sonne steht tiefer als der Baum.
Die Rakete nähert sich der Sonne.
Der Baum wächst auf dem Feld.

Welche Übersetzung passt?

die Dunkelheit,   das Licht,   der Schnee

Einfache und zusammengesetzte Schriftzeichen

1 Betrachte die Schriftzeichen. Male die Felder jeder Reihe wie angegeben aus.

- Male die Felder grün aus,
  die etwas mit der Natur zu tun haben!

- Male die Felder rot aus,
  die etwas mit dem Menschen zu tun haben!

 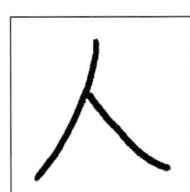 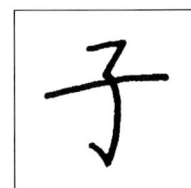 

- Male die Felder blau aus,
  die etwas mit dem Himmel zu tun haben!

- Male alle übrigen Felder schwarz aus!

ÜBERSICHT 1 — Einfache Schriftzeichen in Bildern

  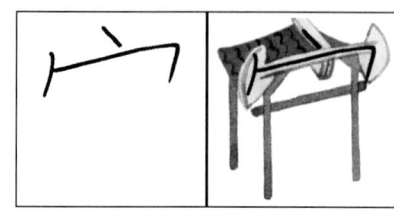

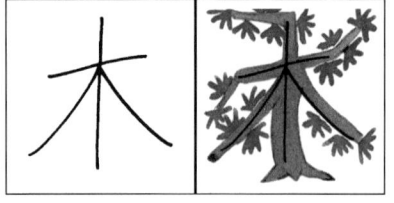  

  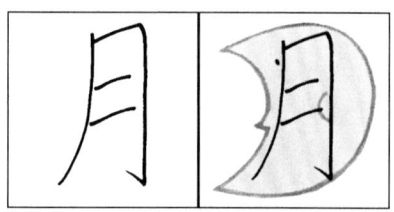

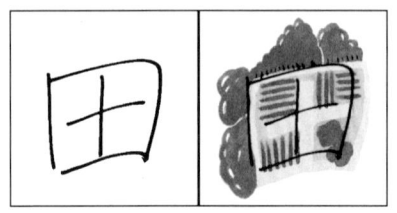  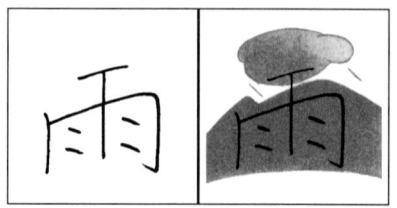

Alain Weinich/Christian Lamblin: Chinesisch schreiben
© Auer Verlag

Zusammengesetzte Schriftzeichen mit Erklärungen   ÜBERSICHT 2

Wenn du ein neues Schriftzeichen gelernt hast, trage seine Übersetzung in dieser Übersicht ein!	李 **Ein Kind** spielt unter **seinem Baum**.
众 **Ein Mensch**, noch ein Mensch und noch ein Mensch.	灾 Ein Feuer brennt unter **dem Dach**.
安 Die Frau steht unter **dem Dach**.	雷 Es gewittert und **der Regen** prasselt auf das Feld nieder.
伐 **Ein Mensch** ist mit einer Lanze bewaffnet.	佃 **Ein Mensch** bestellt ein Feld.
林 **Ein Baum**, noch ein Baum, dahinter stehen noch weitere Bäume.	明 **Die Sonne** und der Mond entsenden Licht.
休 **Ein Mensch** lehnt sich an den Baum.	秋 **Das Getreide** hat die Farbe des Feuers.

Alain Weinich/Christian Lamblin: Chinesisch schreiben
© Auer Verlag

Alle Unterrichtsmaterialien
der Verlage Auer, PERSEN und scolix

» jederzeit online verfügbar

lehrerbuero.de
Jetzt kostenlos testen!

Und das Beste:
Schon ab zwei
Kollegen können Sie
von der günstigen
Schulmitgliedschaft
profitieren!

Infos unter:
lehrerbuero.de

Das Online-Portal für Unterricht und Schulalltag!